NOAH

Noch eine alte Geschichte neu erzählt von Friedel Steinmann (Zeichnung) und Dieter Kohl (Text)

AUSSAAT VERLAG · WUPPERTAL

Friedel Steinmann, Jahrgang 1948, Grafiker, Studium der Fächer Kunst und ev. Theologie an der Gesamthochschule Paderborn.

Dieter Kohl, Jahrgang 1944, theologische Ausbildung am Johanneum in Wuppertal, arbeitet seit 1968 als Industriemissionar und Werbeberater im Ruhrgebiet.

Aussaat- und Schriftenmissions-Verlag GmbH, Wuppertal
Lizenzausgabe mit Genehmigung der domini sumus
Verlags- und Produktionsgesellschaft mbH, Bochum
© 1978 domini sumus Verlags- und Produktions-
gesellschaft mbH, Bochum
Auflage 6 5 4 3 / 84 83 82 81
(Die letzten Zahlen bezeichnen die Auflage und das Jahr des Druckes)
Titelzeichnung: Friedel Steinmann
Druck: Aussaat Druckerei, Wuppertal
ISBN 3 7615 4807 9

Diese alte Geschichte erzählt,
wie die damalige Welt
in einer riesigen Wasserflut unterging.
Sie berichtet, wie es
dazu kam und warum damit
doch nicht alles
zu Ende war.

Genaugenommen ist dies
nicht die Geschichte einer Katastrophe,
sondern die Geschichte einer
Rettung.

Über die Menschen, die zu dieser Zeit lebten, wird nicht viel berichtet. An einer Stelle heißt es nur: „Sie achteten auf nichts."

Es war nicht so, daß sie besonders böse waren...

...aber Gott kam in ihrem Leben nicht mehr vor, außer:

Ach du lieber Gott, wird das heute wieder heiß...

Gott sei Dank, daß wir ein schattiges Plätzchen haben...

oder...

...und segne dieses junge Paar...

oder...

...und tröste die trauernden Hinterbliebenen...

und...

...lieber Gott, bitte laß mich morgen keine 6 schreiben...

Doch das war Gott zu wenig.

Die Geschichte begann an einem lauen Frühlingsabend, in einer kleinen Stadt.

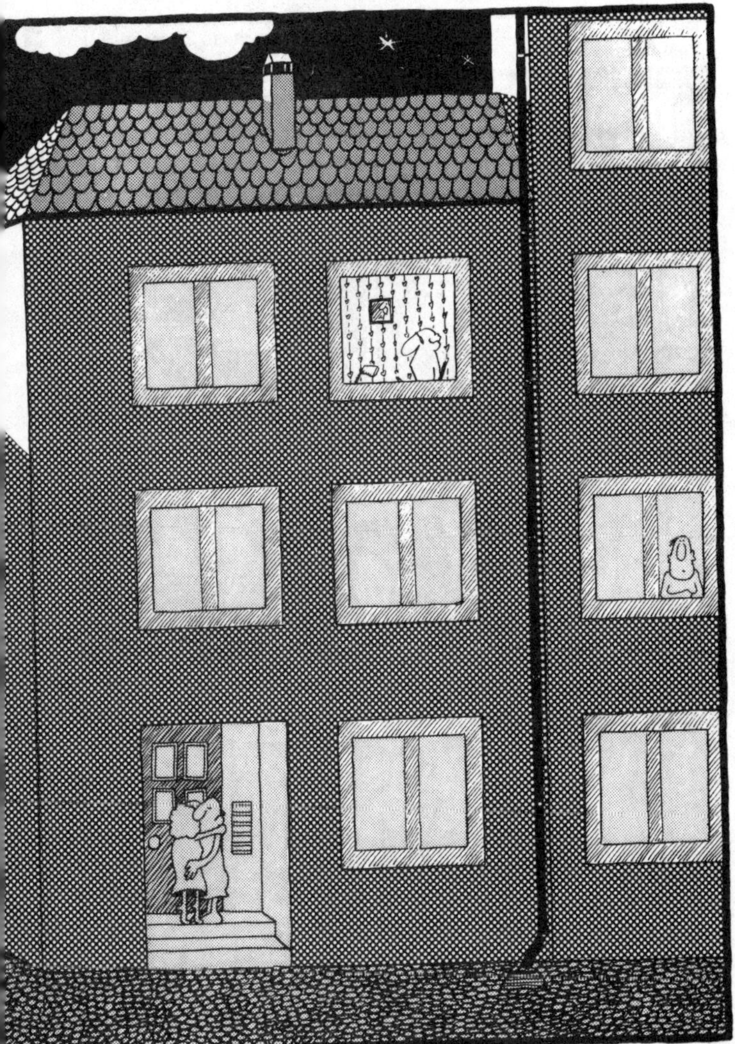

Ein Bewohner dieser Stadt hieß Noah.

Er saß in seinem Zimmer und las noch etwas vor dem Schlafengehen.

Plötzlich...

NOAH!

Wer, wo, wie, was?!

Gott spricht zu Dir. Höre, was ich Dir zu sagen habe!

Ich bereue, daß ich die Menschen erschaffen habe. Sie lieben sich selbst mehr als mich. Deshalb will ich sie vernichten.

Nur Du hast Gnade vor mir gefunden.
Warum ich?
Schreibe auf, was Du zu tun hast:
Baue ein Schiff...

Noah erhielt genaue Anweisungen, wie das Schiff aussehen sollte.

Danach weckte er seine Frau.
Else!
Noah, es ist spät.
Ja, wir haben nicht mehr viel Zeit.
Wie meinst Du das?
Gott hat gesagt, ich soll ein Schiff bauen.
Aber es gibt doch gar kein Wasser hier...
Es wird bald viel Wasser geben.
Gott will eine Sintflut kommen lassen. In dem Schiff soll unsere Familie gerettet werden!

Noah erzählte seiner Frau alles, was Gott ihm gesagt hatte.
...und ich soll sofort mit dem Bau beginnen.
Das willst Du wirklich tun?

Gleich am nächsten Morgen begann Noah seinen beschwerlichen Auftrag auszuführen.

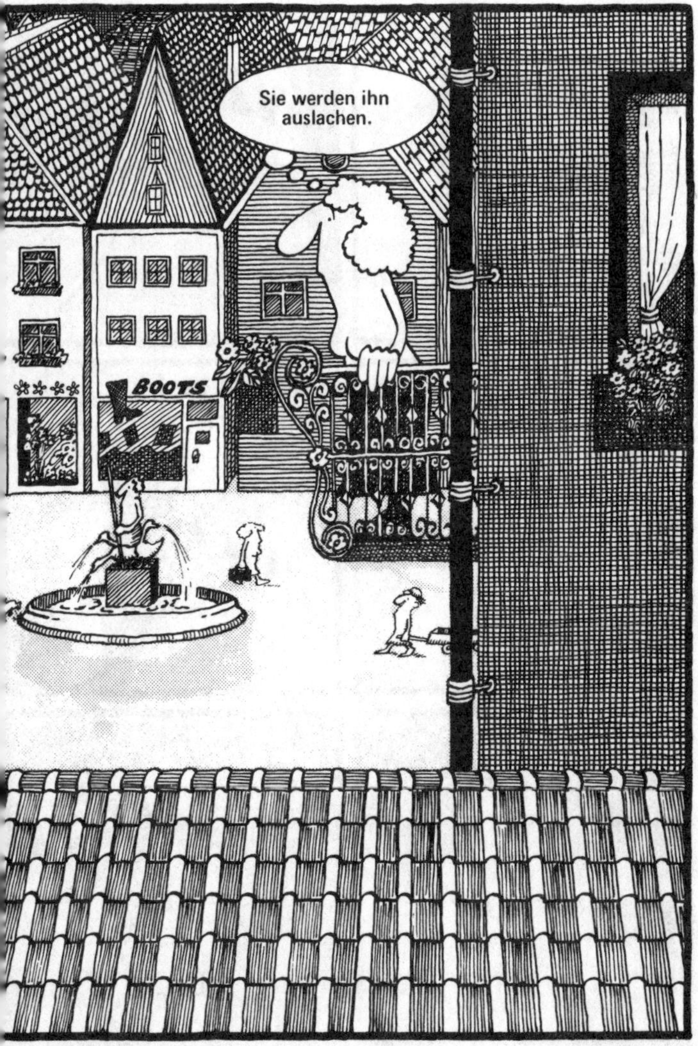
Sie werden ihn auslachen.
BOOTS

INFORMATION
SPRECHEN SIE LAUT UND DEUTLICH
Ich möchte zum Bauamt
WIE?
BAUAMT
Schreien Sie nicht so! 2. Stock, links, Zimmer 13!
Ich bin nicht schwerhörig!!
Bauamt
Bitte einzeln eintreten
POC
POC

Herein!
Sie wunschen?
Ich möchte ein Schiff bauen.
mmPPfff..
'tschuldigung! Ein Schiff?

Ja, ein Schiff. Ich habe die Baupläne dabei.
Meinen Sie das im Ernst?
Es ist todernst.
Dann müssen Sie zuerst einen Antrag ausfüllen.
Aber in vierfacher Ausfertigung!

> Unmögliches
> wird sofort erledigt.
> Wunder dauern
> etwas länger

Danach wählte Noah den direkten Weg.

Er ließ sich beim Bürgermeister melden.

"In welcher Angelegenheit?"

Ich brauche die Genehmigung für den Bau eines Schiffes.
Herr Bürgermeister! Hier ist ein Herr, der ein Schiff bauen will.
Ein Schiff??
Ein Schiff!
Warum nicht! Ein Schiff!!
Soll reinkommen!

Das ist ja eine tolle Idee mit dem Schiff.
Das hat es noch nicht gegeben: Ein Schiff mitten auf dem Land.
Aber....
Man muß eben nur Ideen haben.
Diese Attraktion muß bis zu den Sommerferien fertig sein.
Sie können mit meiner vollen Unterstützung rechnen!

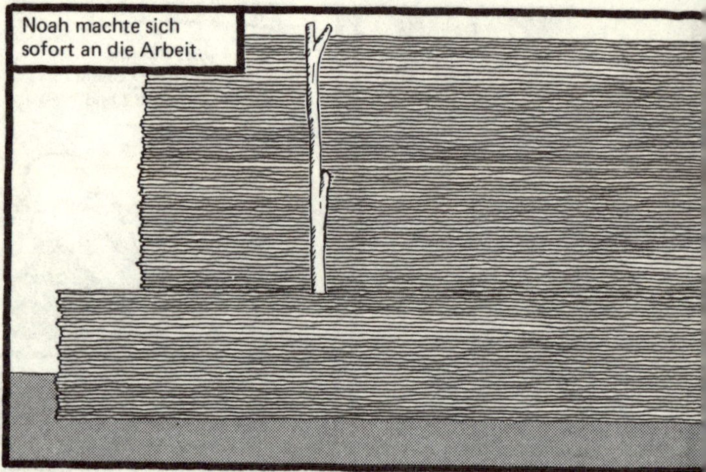
Noah machte sich
sofort an die Arbeit.

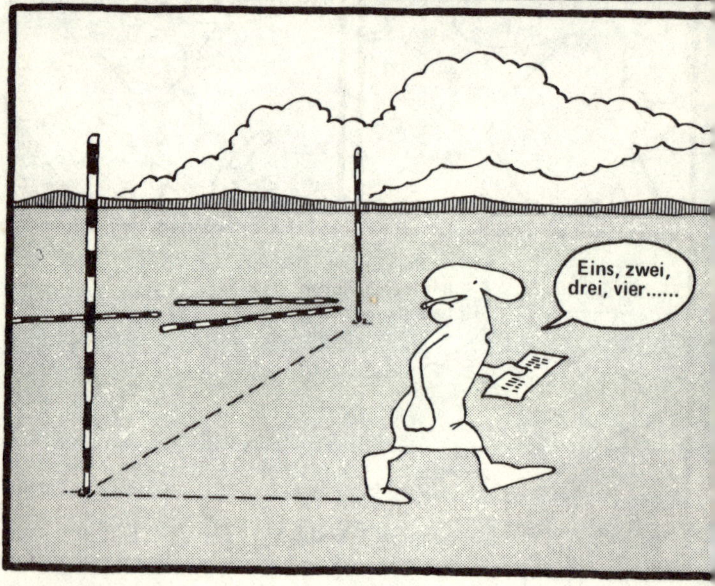
Eins, zwei,
drei, vier......

BAUHOLZ & Co
Das ist alles was wir haben.
Es wird wohl reichen.

Wie war die Breite? 110 oder 120?
Schon wieder eine Baustelle.
Mein Schwager baut jetzt auch.

Sie können sich darauf verlassen, Ihr... äh... Hausboot... mhm... wird genau nach Ihren Plänen gebaut.
Jetzt ist erst mal Frühstück. Wir sind schon über eine Stunde hier.
Sei schlau, lern beim Bau!
Aber es wurde auch gearbeitet.
Mann, ein Schiff habe ich noch nie gebaut!
Mein Großvater war bei der Marine.

Das Bauvorhaben blieb nicht unbemerkt.
Sind Sie verheiratet?
Was kostet das Projekt?
Wie lange werden Sie bauen?
Wo nehmen Sie das Wasser her?
Wird es bei einem Schiff bleiben?
PRESSE

War Ihr Nachbar Noah schon mal in psychotherapeutischer Behandlung?
Nö, weiß ich nicht!

Bald wußte es die ganze Stadt.

ABENDP

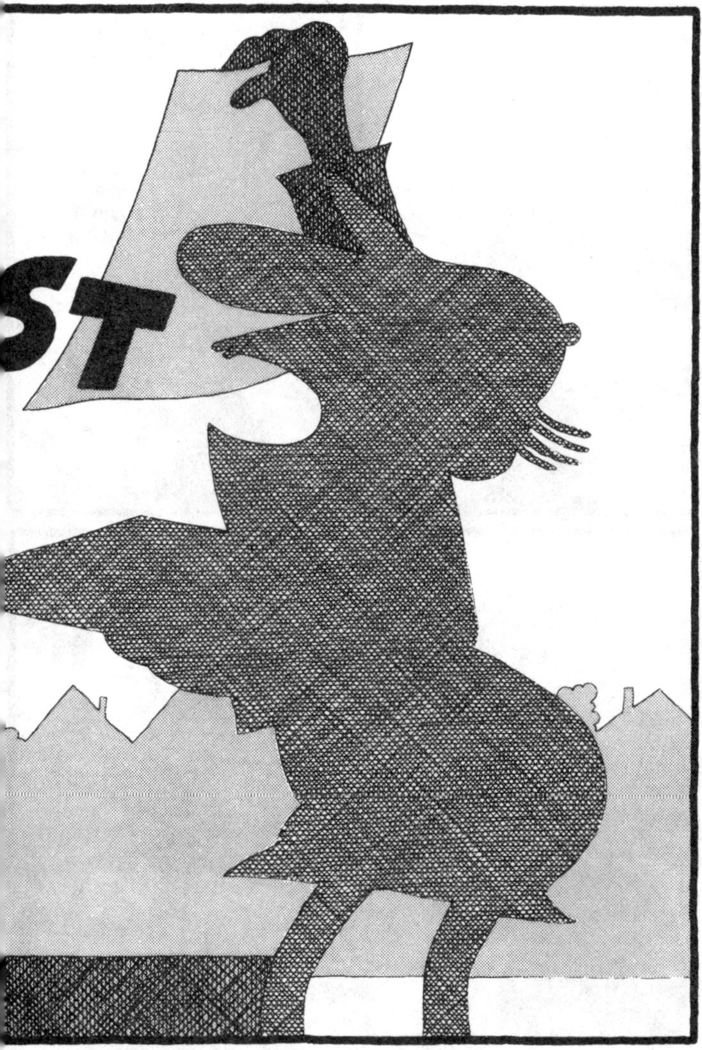
ST

Noah, alter Junge, wann feiern wir den Stapellauf?
Er sieht mal nach, ob schon Wasser da ist.
HAHA HA HO HO HO
Ha, ha, ha
Gluck... gluck... gluck...

Inzwischen wuchs das Schiff langsam heran.
Was pinselst Du denn da?
Ho, ho
Haaa haaaha...
Das ist die Wasserlinie.

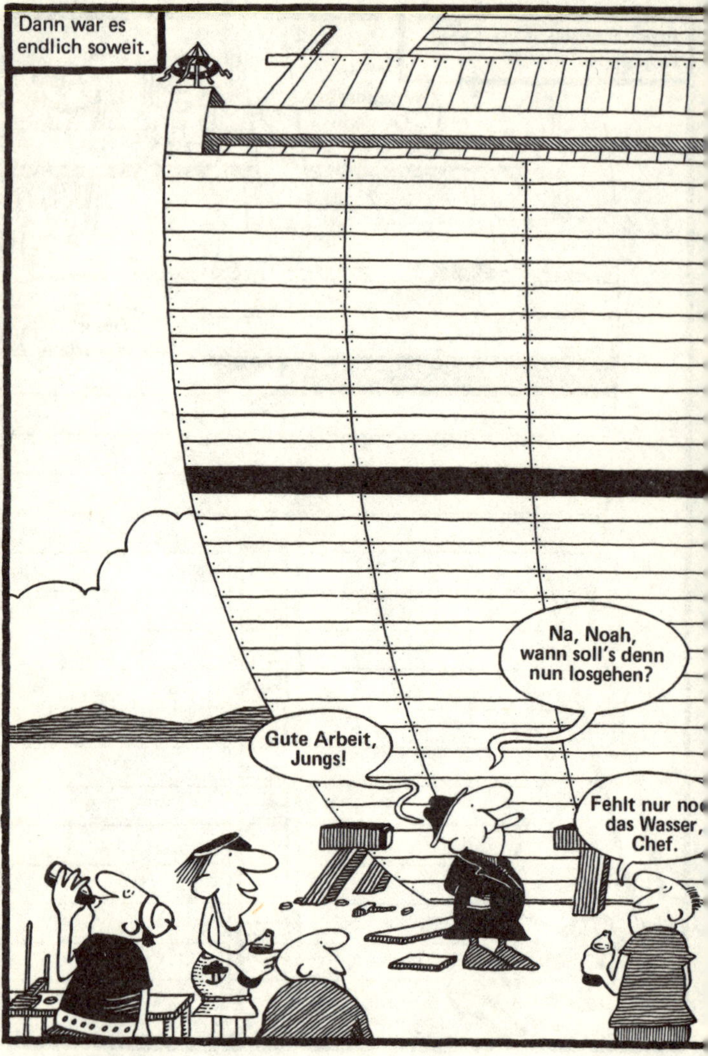
Dann war es
endlich soweit.
Gute Arbeit,
Jungs!
Na, Noah,
wann soll's denn
nun losgehen?
Fehlt nur no
das Wasser,
Chef.

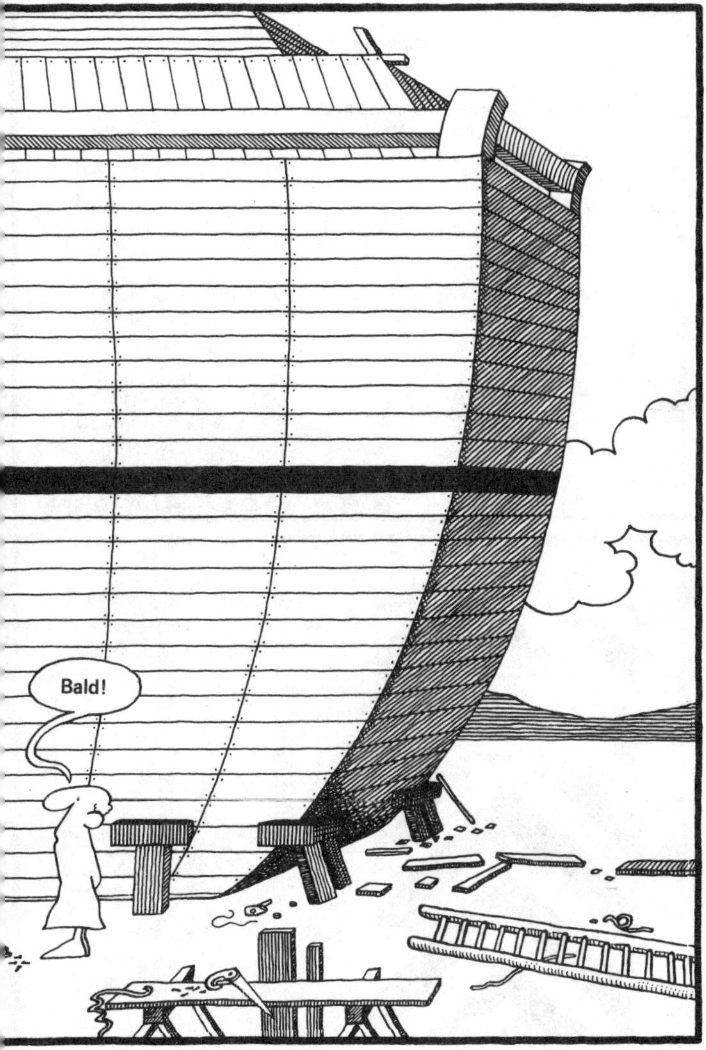
Bald!

Machen Sie die Ehrenbürgerurkunde für den Noah fertig.

„Die creative Provinz"
Werbeagentur
Das Schiff als überdimensionaler Werbeträger.
Die Idee!

REISE
★BÜRO★
AUSFLUGS-
FAHRTEN
zum Schiff!!
unter fachkundiger Führung!
1 Tasse Kaffee und 1 Stück Apfelkuchen
im Preis inbegriffen.
Täglich: 9 – 11 –
13 – 15 und 17 Uhr
10.–

Wir haben nicht mehr viel Zeit.
Ich weiß, Noah.

Von nah und fern
kamen die Menschen,
um die Attraktion zu bestaunen.
Aaaah
Heiiiße Würstchen!
Gewiiinnen Sie!
TOMS
Umba, umba, täterää

Für jeden wurde etwas geboten.

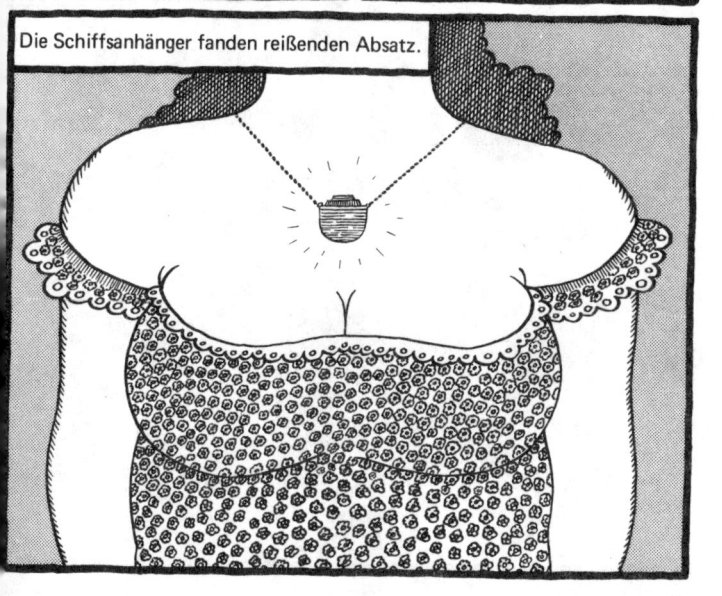

Etwas freundlicher bitte!

Die Schiffsanhänger fanden reißenden Absatz.

Der eine liebte es so...
...der andere so...
TÄTOWIE-RUNGEN
★
KURZ UND SCHMERZ-LOS
Ich hätte es gern mit Wellengang.
Schiffs
Tätowie
rungen
Fast alle waren sich einig: Das Schiff war ein großartiges Ausflugsziel.
Oh blaue
...oh blaue Nach
BIER-AUSSCHANK
1 Bier
1 Korn
1.-

Selbst romantische Naturen kamen auf ihre Kosten.

Aber selbst ungewöhnliche Dinge werden auf Dauer alltäglich.
HEISSE WÜRSTCHEN
1.-
Ich glaube, ich hau ab. Am Wochenende ist Jahrmarkt in Gumping.
Es kommen immer weniger...
HAMBURGER

KALB MIT 2 KÖPFEN GEBOREN!!
Das ist noch besser als Gumping.

So eilte man,
neuen Sensationen entgegen.

Die Menschen gingen wieder ihrer geregelten Arbeit nach. Nur ab und zu wunderten sie sich noch ein bißchen.

Was will
der nur mit
den vielen
wilden Tieren?
Nein,
der Noah
schnappt jetzt
völlig über.
Papa,
kommt ein
Zirkus?

Nachdem alle Tiere verladen waren...

Beeilt Euch ein bißchen!

...ging Noah mit seiner Familie in das Schiff.

Abgesehen von einigen Kindern, die zufällig in der Nähe spielten...
...achtete niemand darauf, denn man hatte andere Sorgen.
HEISSESTER SOMMER DES JAHRHUNDERTS
Hoffentlich gibt es bald eine kleine Erfrischung von oben.

Dann fing es an zu regnen
Endlich!
Mein Motto ist immer: Auf Regen folgt Sonnenschein.

Nun gibt es vielleicht doch noch eine gute Ernte.
Laut Wetterbericht bleibt es weiterhin sonnig und warm.
Da ist bestimmt wieder so ein Tief über der Biskaya hängengeblieben.
In meiner Jugend hat es öfter geregnet.

Aber es hörte nicht auf zu regnen.
Wenn das so weitergießt, fällt mein Urlaub ins Wasser.
Die ganze Saison ist versaut.

Mein Getreide verfault mir am Halm.

Das Tief über der Biskaya bleibt aber ziemlich lange hängen.
In meiner Jugend hat es nicht so viel geregnet.

...und es regnete und regnete...
Dieser Regen wird einem langsam unheimlich.

Ja, ich habe schon zu meinem Mann gesagt, wenn es nicht bald aufhört zu regnen,...
...dann kann uns nur noch ein Schiff helfen.
Ein Schiff??
Das Schiff!!

Wie ein Lauffeuer ging es durch die ganze Stadt...

DASS

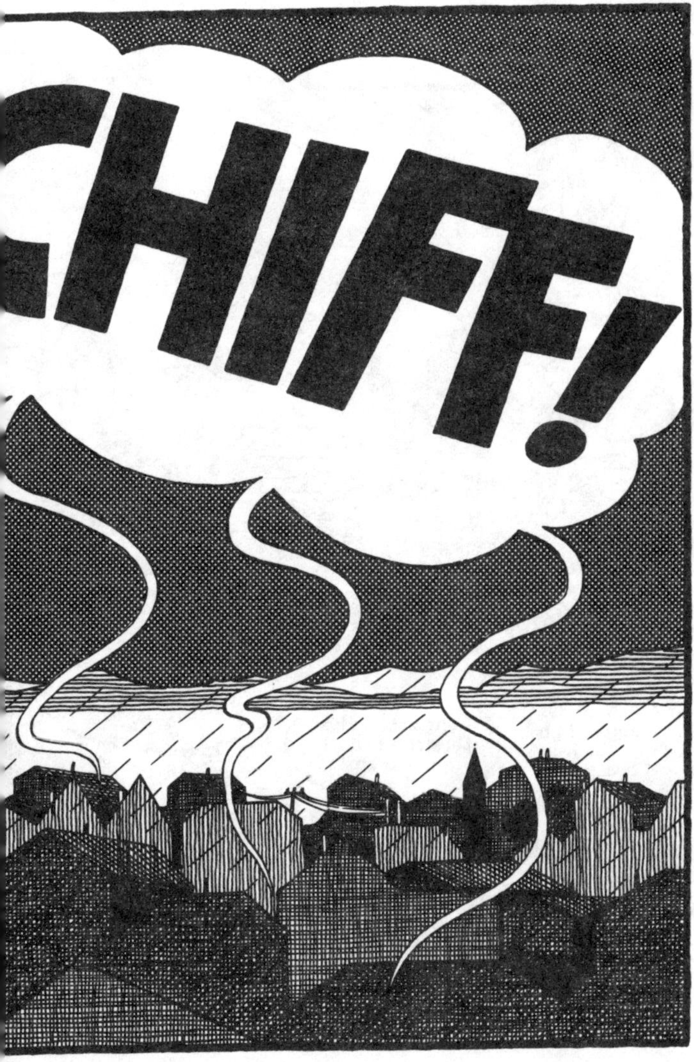
CHIFF!

Allen war auf einmal klar, daß das Schiff die Rettung bedeutete.

Bist Du ganz sicher, daß ich das Gas abgestellt habe, Ludwig?

Ganz sicher, Else, Du stellst es doch immer ab.

Mich nimmt er bestimmt mit. Ich war ja schließlich mal sein bester Freund...

Kinder und Frauen zuerst in's Schiff....

Der Noah ist wirklich ein vorausschauender Mann...

Sehr richtig, Herr Bürgermeister.

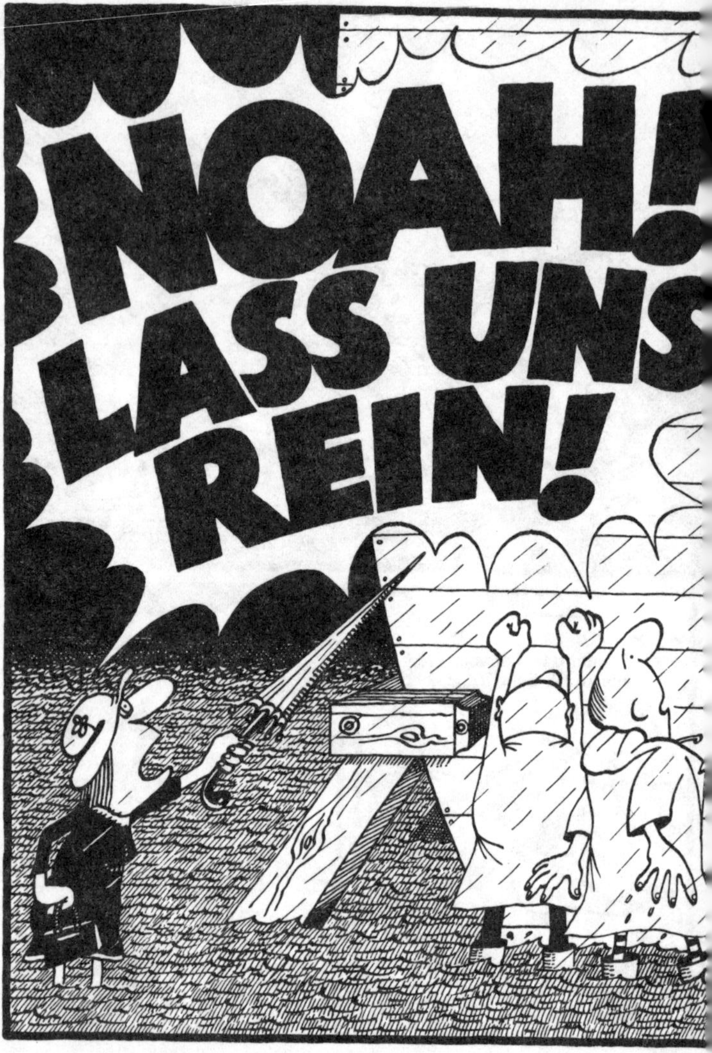
NOAH! LASS UNS REIN!

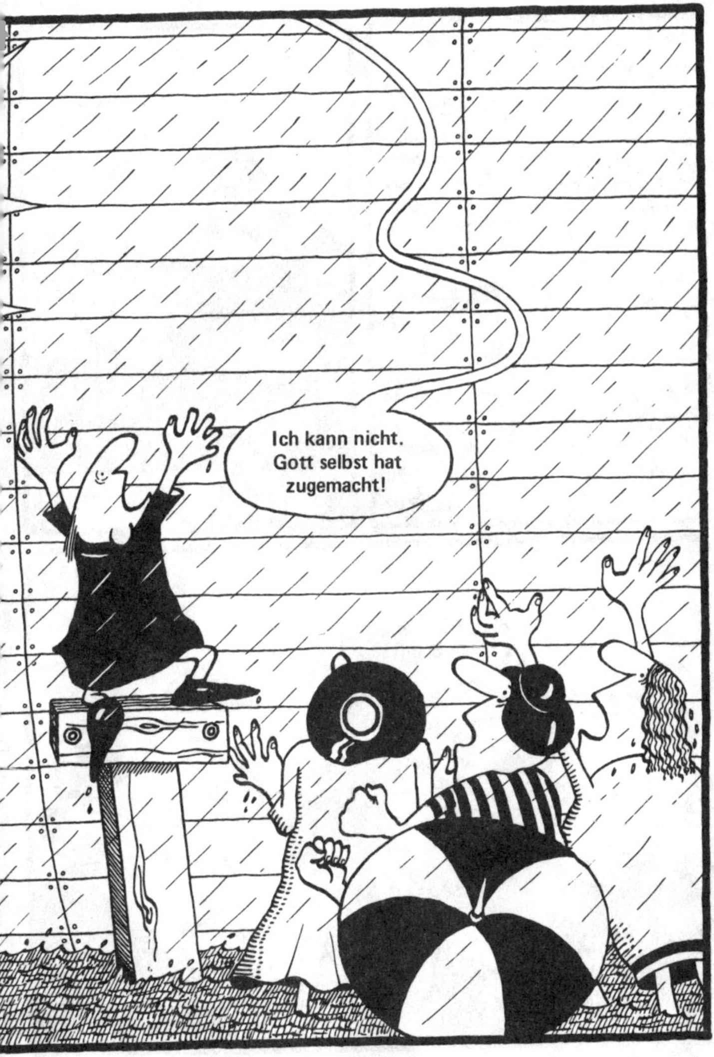
Ich kann nicht.
Gott selbst hat
zugemacht!

Inzwischen...
Einige Häuser unten im Tal sind bereits weggespült.
Ich muß sofort den Bürgermeister sprechen.
Der Bürgermeister ist außer Haus.
Bau uns ein Schiff!
Es geht nicht, Herr Bürgermeister.

Ich kann nicht mal mehr für mich selbst ein Schiff bauen.

Wir zahlen Dir, was Du willst.

Wir haben alles Holz was wir hatten, für Noahs Schiff verwendet.

Und das Wasser stieg unaufhaltsam weiter.
Spielt nur, Kinder. Ein wenig Zeit habt ihr ja noch.

AUS-VERKAUFT
SPIRITUOSEN HANDLUNG
F.C. MÜLLER
Der Rest ist für mich!

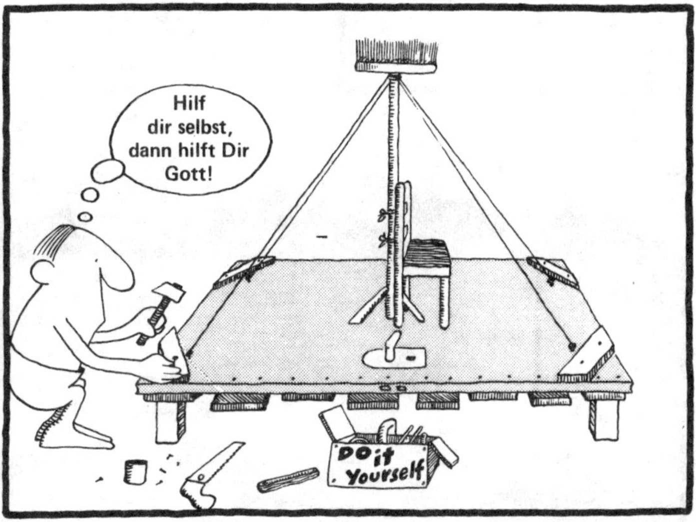
Hilf dir selbst, dann hilft Dir Gott!
DO it Yourself

Womit haben wir das verdient?
Laß nur, wir sind bisher immer durchgekommen.

Doch es kam, wie es kommen mußte. Alles Leben auf der Erde verging.

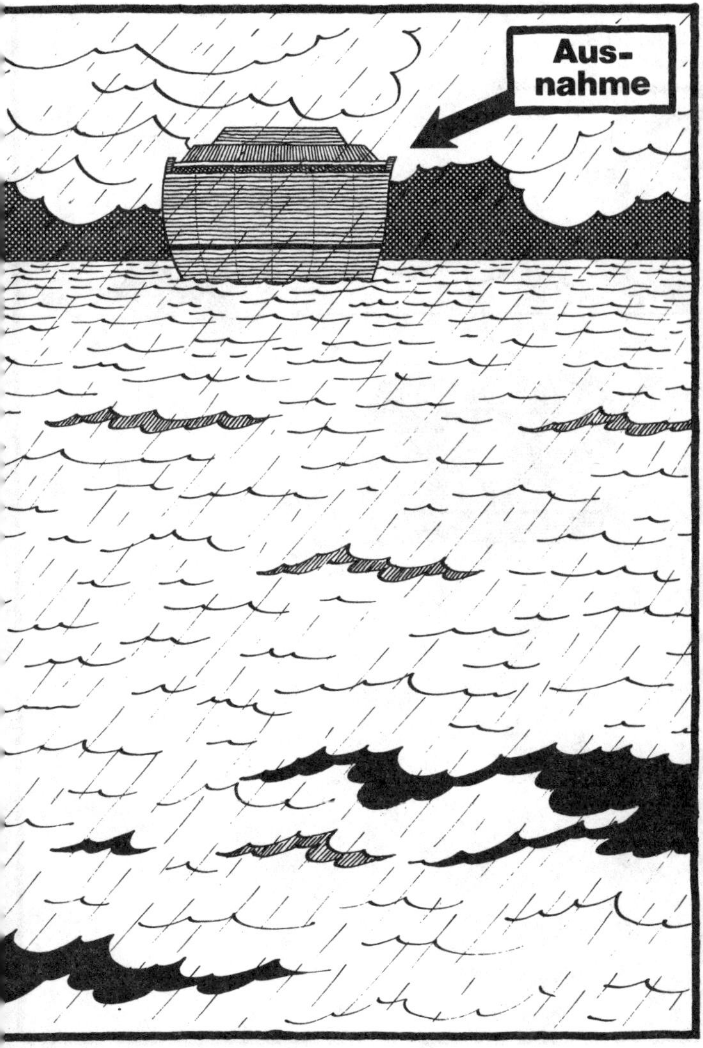
Aus-
nahme

Dann hörte
es auf zu regnen.

Papa, die Taube hat Land gefunden.

Die Fluten senkten sich. Der Mensch hatte eine neue Chance bekommen. Hat er sie genutzt? Von Gott wird berichtet, daß er wieder für Rettung sorgen mußte.

> So sehr hat Gott die Welt geliebt, daß er seinen Sohn für sie opferte, damit alle (alle!), die an ihn glauben, nicht verloren gehen, sondern das ewige Leben haben.

In gleicher Ausstattung erschienen:

Die Geschichte von Jona, dem Mann, den Gott durch einen Fisch zurückholte, wurde oft erzählt und niedergeschrieben. Vielleicht, weil dabei etwas sichtbar wird vom Wesen Gottes und von der Art des Menschen. Und beides scheint sich seit den Tagen Jonas nicht geändert zu haben.

Bestell-Nr. 34 806

Immer wieder hat die Geschichte vom verlorenen Sohn Menschen gepackt, geärgert, gelangweilt. Gepackt, weil sie sich selbst in der Person des verlorenen Sohnes wiedererkannten, geärgert, weil sie das Ganze als ungerecht empfanden, gelangweilt, weil sie meinten, das wäre nur so eine schmalzige „Happy-End-Story".

Bestell-Nr. 34 809

**AUSSAAT VERLAG
WUPPERTAL**